DE
QUATRE TABLEAUX

ATTRIBUÉS

A LÉONARD DE VINCI,

DANS LESQUELS LA SAINTE VIERGE, ASSISE, SE PENCHE VERS SON
ENFANT QUI JOUE AVEC UN AGNEAU;

MAIS

EN DEUX DESQUELS EST INTERCALÉE UNE SAINTE ANNE.

DISSERTATION

DE L'ABBÉ AIMÉ GUILLON DE MONTLÉON,

Conservateur à la Bibliothèque Mazarine, Associé des Académies de Rome,
Mantoue, Lyon, etc.

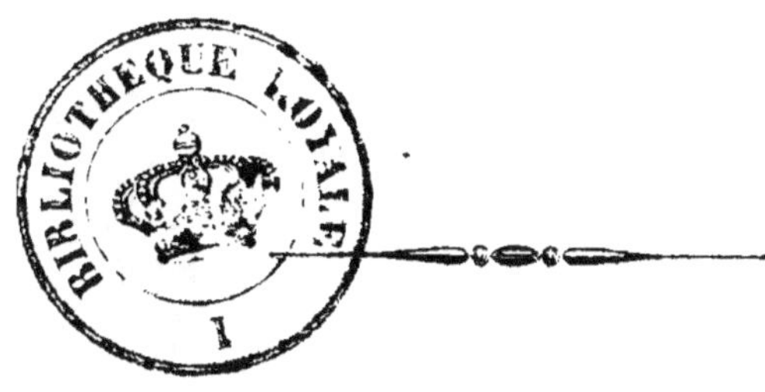

A PARIS,

CHEZ L'AUTEUR,

PAVILLON OUEST DES CI-DEVANT QUATRE-NATIONS,
Rue de Seine-Saint-Germain, n°. 1.

1836.

Un savant peintre français , feu M. Girodet-Trioson, disait naguères , dans la septième des notes du chant premier de son poème
LE PEINTRE :

« L'amateur , curieux de connaître en détail la vérité , sur tout
» ce qui concerne le fameux *Cénacle* de Léonard de Vinci, et les
» différentes copies qui en ont été faites , soit du temps du maître ,
» soit postérieurement, peut consulter l'*Essai historique sur ce*
» *Cénacle* , publié à Milan , en 1811 , et la *Dissertation sur l'an-*
» *cienne copie* de cette peinture *transportée d'Écouen à Paris*
» (Paris, 1817) par M. Aimé Guillon. Ce chef-d'œuvre méritait
» un historien fidèle , et l'a enfin trouvé. »

(Pages 214 et 215 du tome Ier. des *OEuvres posthumes de Giro-*
det Trioson , peintre d'histoire; publiées par P. A. Coupin, deux
tomes in-8°. Paris, 1820.)

IMPRIMERIE DE PIHAN DELAFOREST (MORINVAL) , RUE DES BONS-ENFANS , N°. 31.

DE

QUATRE TABLEAUX

ATTRIBUÉS

A LÉONARD DE VINCI,

Dans lesquels la Sainte-Vierge, assise, se penche vers son enfant qui joue
avec un agneau.

DEUX de ces tableaux diffèrent des deux autres, en ce
que les premiers représentent la Vierge modestement
assise sur un tertre, en pleine campagne, tandis que dans
les derniers, elle l'est, non comme on le dit avec pruderie
sur les genoux de Sainte-Anne, mais sur la longueur de
ses *coscie*. L'un de ces derniers tableaux est au musée du
Louvre, où il passe pour avoir été peint par Léonard de
Vinci ; l'autre que la ville de Milan a possédé jusqu'en
1814, fut regardé long-temps comme l'œuvre de ce grand
peintre ; et, ce qu'il y a de singulier, c'est qu'on croit
l'un et l'autre peints d'après un carton célèbre qu'il avait
composé à Florence, en 1501. Quant aux deux premiers
tableaux, où la vierge est assise avec une gracieuse décence et une noble simplicité, ils sont restés jusqu'à ce
jour, inconnus en France, et même leur existence y a été
complétement ignorée.

Il importe, non seulement à l'histoire de la peinture,

mais encore à l'honneur de Léonard de Vinci, de savoir au juste : 1º. Si la composition, l'ordonnance et le faire des deux premiers tableaux sont de lui; 2º. Si les deux autres ont été peints d'après le célèbre carton de Florence; et 3º. Si l'intercalation qu'on voit en ceux-ci d'une seconde femme moins jeune que la Vierge, et surtout la substitution de ses *coscie* au siége champêtre des deux premiers tableaux, peuvent être imputées à Léonard de Vinci.

Pour aborder ces trois questions, il faut connaître les quatre tableaux, et avoir étudié le génie de ce grand homme dans ses conceptions picturales.

SECTION PREMIÈRE.

Des deux anciens tableaux où l'on ne voit qu'une seule femme, la sainte Vierge, assise sur un tertre, et se penchant pour soutenir son enfant qui veut enjamber un agneau.

---

§. Ier.

Le plus grand de ces deux tableaux, de diverses dimensions, n'a qu'environ trois pieds et demi de hauteur, sur deux pieds trois quarts de largeur. Il est dans la réserve de la *Pinacoteca* ou galerie de Milan; je l'y ai vu et bien examiné en 1810 et 1811. Il avait été l'une des principales richesses de la magnifique galerie du cardinal César Monti, archevêque de Milan, depuis 1632 jusqu'en 1650. Reconnu de tout temps pour l'œuvre de Léonard de Vinci, il était conservé précieusement dans la même galerie archiépiscopale. Le chanoine milanais Charles Torré, qui en décrivait les chefs-d'œuvre en 1674, dans son *Ritratto di Milano*, disait avec une sorte d'enthousiasme, devant ce tableau : « C'est par le merveilleux » Léonard de Vinci, qu'a été peinte cette *Madone* qui » contemple son fils Jésus, pendant qu'il joue avec un » agneau ; œuvre miraculeuse et qui, bien que non ter- » minée, mérite qu'on en fasse grand cas ; elle est digne » de la place distinguée qu'elle occupe dans une si noble » galerie (1). » On n'y voyait donc qu'une seule femme, la Sainte-Vierge contemplant l'enfant Jésus qui jouait avec un agneau ; le tableau n'était dit *opera non finita*, que parce que Léonard n'avait pas eu le loisir d'y peindre l'agneau.

On comprendra tout-à-l'heure que ce tableau pouvait être l'un des deux auxquels il travaillait à Florence, pendant le séjour qu'il y fit en 1511, et dont il parlait dans sa lettre du commencement de 1512, au président du Sénat que Louis XII avait établi en Lombardie. « J'es- » père, lui écrivait-il, être vers Pâques à Milan, en y » apportant deux tableaux de Notre-Dame, de diffé- » rentes grandeurs. Le soin que je mets à les peindre les » rend dignes du roi très chrétien ou de tel autre grand » personnage qu'il vous plaira d'en gratifier (2). » Sans

(1) *Il maraviglioso Leonardo da Vinci fece la Madonna, che contempla il figlio Giesù scherzando con un agnello; opera non finita, maravigliosa, e da farne grande stima, degna di stare in così nobile galeria* (pag. 594).

(2) *Io credo trovarmi costì (à Milano) in questa Pasqua, e portare con meco due quadri di due Nostre Donne, di varie grandezze, lequali son fatte pel cristianissimo rè, e per chi a vostra signoria*

doute Léonard les y apporta dans le courant de 1512 ; et il les y laissa, lorsqu'après la bataille de Novarre qui, le 6 juin 1513, mit les Français dans la nécessité d'abandonner totalement l'Italie, « il partit de Milan pour » Rome, le 24 septembre suivant, avec cinq jeunes » gens, dont deux ou trois étaient ses élèves et qu'il » nommait ainsi : *Giovanni, Franciescho Melzo,* » *Salaï, Lorenzo el Fanfoia* (1), » comme il l'a constaté lui-même de sa main dans ses registres.

Ces *due Nostre Donne, di varie grandezze,* étaient les premières Saintes-Vierges que jusques alors il eut peintes. Ce sont les seules qu'il énumérait dans une liste qu'il écrivit lui-même de ses dessins et peintures, au feuillet 317 de son grand registre, encore existant, sous le titre de *Codice atlantico,* où elle vient parmi les faits de son séjour de 1513 à Milan. Or, voici comment ces deux tableaux y sont relatés, l'un immédiatement après l'autre :

Una Nostra Donna, finita;

Un'altra, quasi con profilo (2).

La signification relative du *quasi con profilo,* mis en regard du *finita* de l'autre tableau, était évidemment *non finita,* mais ayant les contours ou le *profil* de ce qui n'y était pas encore peint (3) ; et cela se rapporte au ta-

piacerà. (La lettre est en entier aux pages 109 et 110 des *Memorie storiche su la vita, gli studj e le opere di Lionardo da Vinci, scritte da Carlo Amoretti, bibliotecario nell'Ambrosiana di Milano, etc.,* en tête d'une éditon du *Trattato della Pittura di Lionardo da Vinci; Milano,* 1804, in-8°.)

(1) Page 112 des *Memorie* de l'abbé Amoretti, ci-devant indiqués.

(2) *Memorie* de l'abbé Amoretti, pag. 80.

(3) L'interprétation est justifiée par le *Grande Dizionario italiano-*

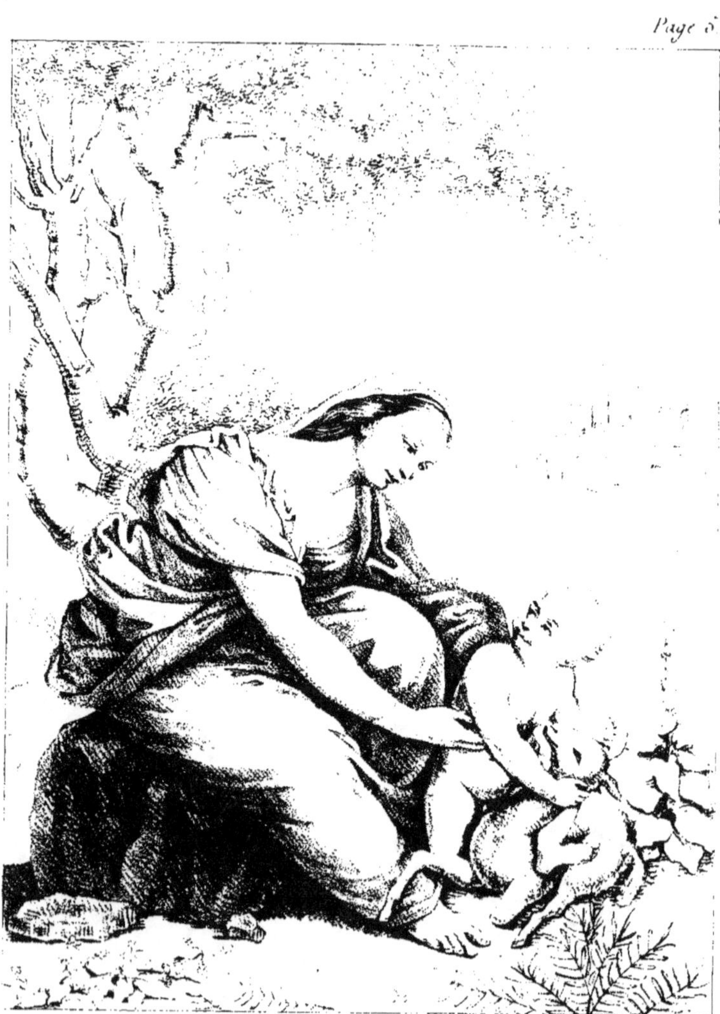

bleau de la *Pinacoteca* de Milan, sur lequel l'agneau est resté à peindre. Mais ses contours y sont déterminés et profilés exactement par la peinture achevée de l'entourage, ainsi que de tout le surplus du tableau que, pour la seule raison de cette lacune, l'abbé Amoretti qualifie aussi lui-même, *opera non finita* (1).

§. II.

Après avoir reconnu dans le tableau inachevé dont je viens de parler, l'une des deux *Nostre Donne*, qu'en 1512 Léonard de Vinci apporta de Florence à Milan, ne revoit-on pas l'autre, d'une *grandezza* différente, et *finita*, dans un charmant petit tableau qui représente le même sujet, et se trouve actuellement sous nos yeux, à Paris. Quiconque a connu la marche des grands peintres des quinzième, seizième et dix-septième siècles, et même de notre temps, sait qu'ils préludaient à la peinture de leurs grands tableaux, même de ceux qui ne devaient pas excéder les dimensions de celui dont je viens de parler, par en peindre le sujet en petit, avec un soin minutieux. En voyant la perfection tout-à-fait léonardesque du petit tableau bien achevé, dont je vais parler, qui n'a que dix pouces de hauteur sur sept trois quarts de largeur, et représente le même sujet que le précédent, l'on se demande s'il n'en aurait pas été la parfaite esquisse.

Il nous est venu du pays de Varèse, où déjà, lors des guerres d'Italie en 1513, plusieurs nobles de Milan, dont quelques-uns étaient passionnés pour les arts du dessin,

francese dell'abate Francesco Alberti, nova edizione in-4°. Milano, 1828, au mot *Profilo.*

(1) *Memorie*, pag. 164.

avaient de belles maisons de plaisance. L'un d'eux sans
doute enrichit la sienne de ce petit chef-d'œuvre ; et l'on
sait comme, à la mort d'un propriétaire, son mobilier et
surtout ses tableaux se dispersent.

Dans celui-ci, de même que dans le précédent, la Sainte-
Vierge est assise sur une éminence de terrain, au pied d'un
arbre dont les branches touffues s'étendent pour la ga-
rantir des ardeurs du soleil. L'enfant vers lequel elle se
penche par un mouvement d'anxiété maternelle, joue
pareillement avec un agneau. Nous ne croyons pas qu'on
puisse méconnaître ici la noble simplicité et la suprême
intelligence des compositions de Léonard de Vinci, cette
parfaite expression des affections de l'âme sur les physio-
nomies et dans les mouvemens du corps, à laquelle au jugement même de Vasari, aucun autre peintre parmi les
plus célèbres et même Raphaël, ne put jamais atteindre (1).

Qui n'admirerait sur la virginale physionomie de la
jeune mère, ce contentement suave, mêlé pourtant d'un
peu de crainte, dans l'air dont elle regarde son enfant
qui, ayant glissé d'entre ses bras à ses pieds, y emjambe
hazardeusement un agneau. Cette tendre inquiétude de
l'amour maternel se remarque jusques dans le prompt
et cependant moëlleux allongement de ses bras pour le

(1) Vasari, dans sa *Vie de Raphaël*, disait : *Leonardo, nell' arie
di teste così de' maschj, come di femine, ebbe non pari ; nel dar
grazie alle figure, e nei moti, superò tutti gli altri pittori* (Pag. 512
du tom. V. de *Vite de' più eccellenti pittori* ; édition de Sienne, 1792.)
— Lomazzo, dans son *Idea del tempio della pittura* ; Milano, 1591.
(pag. 46, cap. 12 : *Delle sette parti o generi del moto*), disait :
*i moti del Vinci sono della nobiltà dell' animo, della facilità, della
chiarezza d'immaginazione, della natura del sapere, pensare e fare,
del muoversi con leggerezza congiunta con la beltà delle facie.*

retenir sans le contraindre. Et cet enfant qui, surpris des
appréhensions de sa mère, se retourne d'un air si décidé,
la regardant avec une hardiesse que tempère l'amour
filial, ne vous semble t-il pas déjà ce fils de Marie qui, à
douze ans, réprimera presque brusquement les sollicitu-
des de sa mère, en lui disant : « Pourquoi vous allarmer
» de ce qui vous semble trop hardi pour un enfant? Ne sa-
» vez vous pas que je dois accomplir la mission que j'ai
» reçue de mon père. (1)? » Et cet agneau soumis, qui,
emblême ici de Saint-Jean-Baptiste, regarde Marie en se
résignant aux procédés peu caressans de l'enfant qui d'une
main lui prend l'oreille et de l'autre le saisit au cou pour
l'enjamber avec plus de facilité; cet agneau résigné qui
s'abaisse avec tant de docilité pour se prêter à ses vues,
ne vous rappelle-t-il pas la déclaration prophétique du
Saint-Précurseur : « il faut que je me rapetisse, parce qu'il
» est dans la destinée de Jésus de s'élever bien au dessus
» de moi (2). »

J'ai trop étudié en Italie les intentions de Léonard de
Vinci, dans l'ensemble et les détails de ses compositions;
j'y ai trop découvert, jusques dans les moindres choses,
son vaste et profond savoir (3), pour ignorer que, principalement dans ses scènes évangéliques, tout jusqu'aux

(1) *Quid est quòd me quœrebatis? Nesciebatis quia in his, quæ
patris mei sunt, opportet me esse?* (Luc., ch. II, v. 49.)

(2) *Illum opportet crescere, me autem minui* (Joan., cap. III,
v. 30.)

(3) Voyez mon livre : *Le cénacle de Léonard de Vinci rendu aux
amis des beaux arts; essai historique et psycologique sur ce fameux
cénacle; Milan, 1811; et ma Dissertation sur l'ancienne copie de la
Cène de Léonard de Vinci qu'on voit au Musée royal, lue à l'Acadé-
mie des beaux-arts le 18 février 1817. Paris, 1817.*

plus minces accessoires, a une signification relative au
sujet principal, et s'y lie dans un admirable esprit d'unité.
Je n'oserais même affirmer qu'il n'y a pas eu d'intention
de ce genre dans l'agencement des jambes de l'enfant et
de l'agneau entre celles de la Vierge, de qui l'agneau vient
embrasser, de son genou recourbé, la jambe droite avec
la droite de son fils. Si ce n'est là que la conception d'un
génie gracieux dans ses groupes, il y a certainement bien
quelque signification particulière dans l'air fin, doux et
mystérieux dont Marie contemple le jeu symbolique de
l'enfant avec l'agneau. On dirait « qu'elle en découvre le
» sens et qu'elle l'enferme en son cœur, » suivant le lan-
gage de l'évangile (1). Y a-t-il rien de si caractéristique,
de si parlant dans les plus ravissantes *Vierges* et *Saintes-
Familles* de Raphaël? Vous admirez avec raison la pose
charmante et les gestes naïfs des deux enfans dans la *Belle
Jardinière*, dans la Vierge *alla seggiola* et autres; mais
ce sont des choses naturelles et ordinaires chez les jeunes
mères avec la tendresse desquelles est en parfaite harmo-
nie l'amour de leurs enfans. Ces démonstrations récipro-
ques d'affections expriment-elles dans Raphaël, comme
dans Léonard de Vinci, des pensées divines qui, sans
avoir besoin d'aucune indication matérielle, telle que la
banderolle de Saint-Jean-Baptiste, ou l'agenouillement,
les mains jointes de cet enfant devant le petit Jésus, rat-
tachent l'action aux mystères de la foi? « Léonard, disait
» l'illustre Rubens, Léonard, par la force de son imagi-
» nation, aussi bien que par la solidité de son jugement,
» élevait les choses divines par les humaines, et ne laissait

(1) *Mater ejus conservabat omnia... hæc in corde suo* (Luc, ch. II,
v. 51.)

» rien échapper de ce qui pouvait convenir à l'expression
» de son sujet (1). »

Avec un peu de recherches géographiques, dont je
m'abstiens pour ne pas paraître minutieux, je retrouve-
rais vraisemblablement encore quelque site de la Palestine,
dans ce paysage richement varié, où la végétation a un
caractère spécial; où se déploie un large fleuve contenu
de droite et de gauche par d'antiques fabriques. Dans la
teinte variée des eaux, dans l'azur qui colore les pays
lointains, et dans celui des fabriques aux confins de l'ho-
rizon, l'on voit pratiqué ce que Léonard de Vinci en sei-
gnait par les chapitres 145, 317 et 328 de son *Trattato
della Pittura* (2).

L'authenticité de cet ingénieux tableau ne saurait lui
être disputée par aucun de ceux qu'Amoretti a vus chez
des grands seigneurs d'Italie, qui les vantaient comme
des chefs-d'œuvre de Léonard de Vinci; il avoue lui-même
qu'on n'y retrouve pas la même action, mais seulement
la Madonna col Bambino (3). Il confirme de plus (4), ce
que l'éminent peintre milanais, André Appiani, m'a
certifié après ses voyages à Rome et à Paris; que, dans ces
capitales et même à Milan, la plupart des tableaux qu'on
y dit de Léonard de Vinci, ne sont que de Bernardin
Lovino ou Luini, de Beltraffio, de Césare da Sesto, et

(1) Manuscrit autographe de Rubens que possédait. à la fin du
xvıı^e. siècle, le peintre-littérateur Roger de Piles, et qu'il a cité à
la page 166 de son *Abrégé de la vie des peintres*. Paris, 1699. On a
souvent déploré que ce manuscrit eût péri dans un incendie.

(2) Edition des *Classici italiani*; Milan, 1804.

(3) Amoretti: *Memorie su la vita et le opere di Lionardo da
Vinci*, pag. 165.

(4) *Ibid*, pag. 165, 172.

même de Gaudence Ferrari qui, au jugement de son élève, Jean Paul Lomazzo, approcha beaucoup de la manière de Léonard, dans l'expression des affections de l'âme et de l'esprit des mystères de la religion (1) ; qui, même en plusieurs autres parties de l'art, pouvait lui être assimilé (2).

SECTION II.

Les deux autres tableaux où, dans la même représentation de la Sainte Vierge contemplant son enfant qui joue avec un agneau, est intercalée une autre femme moins jeune, sur les *coscie* de laquelle la Vierge—mère est assise, et non, comme on le dit, sur ses genoux, peuvent ils être de Léonard de Vinci, quand ce ne serait que pour le dessin?

§. Ier.

Il en est deux en ce genre d'une grande dimension (3), lesquels, s'ils étaient de ce peintre incomparable, seraient les seuls qu'il aurait faits sur des tables d'une pareille étendue. Celui qu'intrépidement on s'obstine à lui attribuer, est au Musée du Louvre, sous cette étiquette :

(1) *Idea del tempio della pittura*; *Milano*, 1590, pag. 42 et 46.

(2) *Trattato de l'arte della pittura, scoltura, etc. Milano*, 1585, pag. 51, 71, 101, 112, 132, 185, 257, 289, 516, 336, 455, 465.

(3) Ils ont environ cinq pieds un pouce de hauteur sur trois pieds six pouces de largeur (1,651 milimètres sur 1,136 milimètres). Il en est un troisième dans la galerie de Florence ; mais je suis dispensé d'en parler, non simplement parce que je ne l'ai pas vu, mais et surtout parce qu'à Florence même, on ne sait à qui l'attribuer : ce qui induit à penser qu'on ne l'y croit pas d'un peintre du premier ordre.

Sainte-Anne, la Vierge , l'enfant Jésus et un Agneau.
Conquis, en quelque sorte par le cardinal de Richelieu ,
lorsqu'en décembre 1629, il fût allé, vêtu en général
d'armée, ayant la cuirasse sur un habit couleur de feuilles
mortes , l'épée à la ceinture, et ses pages , qui à ses côtés
portaient ses gantelets, conduire les troupes de Louis XIII
en Piémont, commander le siège de Casal sur les confins
du Milanez et du Navarrais; ce tableau, dis-je, emporté
de cette dernière province, vint orner la galerie du ma-
jestueux palais qu'il achevait de se construire sous le titre
de *Palais-Cardinal.* Lors de la cession qu'il en fit au monarque en mai 1639, s'en étant réservé la jouissance , il
conserva celle du tableau, trophée de sa victoire ; et ce
tableau resta encore plusieurs années après sa mort dans
ce palais, nommé depuis, comme il l'est aujourd'hui, le
Palais-Royal.

Trichet du Fresnes, que le cardinal de Richelieu dota
de la charge de correcteur dans l'imprimerie royale,
quand il la fonda, en 1640, et qui en devint bientôt le
directeur, fut le premier qui publia que le tableau était
de Léonard de Vinci, comme on le voit dans la Vie de ce
grand peintre, à la tête de la première édition qui se soit
faite de son *Trattato della Pittura.* (Paris, 1651, *in-fol.*).

Trichet et le cardinal prirent d'autant plus volontiers
le change, que le tableau, étant d'ailleurs d'un mérite
plus qu'ordinaire, venait d'une province où de belles
peintures portaient, avec la date de 1511 , les noms
Gaudenzio Vinci. L'abbé Amoretti qui, en 1794, les
vit, dans l'église prévotale d'Arona, s'en étonna, parce
qu'il n'avait jamais existé de peintre connu, ainsi nommé, et il lui parut très probable que ces peintures étaient

de Gaudence Ferrari (1), qui, de son temps, se serait jugé digne de changer son *cognome* en celui de *Vinci*, pour les raisons que je viens d'exposer (2).

Le tableau étant devenu la propriété du Roi, il ne convenait pas d'affaiblir la réputation qu'il avait acquise. Aussi l'historiographe des bâtimens royaux sous Louis XIV, André Félibien, publiant en 1666, ses *Entretiens sur la vie et les ouvrages des plus excellens peintres*, ne manqua pas d'affirmer que le tableau était de Léonard de Vinci. Néanmoins plus tard, le savant et judicieux, mais non courtisan, Roger de Piles, ne parut pas de cet avis, dans son *Abrégé de la vie des Peintres*, (Paris, 1699), où tout en admirant le génie de ce grand maître dans sa *Cène* dont il avait un bon dessin, il s'abstint de parler du tableau que possédait sa majesté. Mais l'opinion introduite par Trichet Dufresne, et propagée par Félibien, fut soutenue ensuite par tous les catalogueurs du cabinet royal. Sous Louis XV, en 1745, elle était donnée pour incontestable par Antoine Dezalliers d'Argenville, con-

(1) Amoretti : *Viaggio ai tre laghi, Maggiore, di Lugano e di Como*, pag. 15 de la troisième édition. *Milano*, 1806.

(2) L'ex-jésuite abbé Lanzi, voulant paraître plus instruit a supposé, dans sa *Storia pittorica dell' Italia*, qu'il exista, vers 1511, un peintre novarrais qui fit à Arona, *una tavola paruta Leonardesca ad ognun, e stupenda* (pag. 205 du tome IV de l'édition de Bassan ; 1809). Il nous serait facile de prouver que Lanzi n'avait point vu ce tableau, et qu'il n'exista jamais aucun peintre nommé *Gaudenzio Vinci*. Orlandi, dans son *Abecedario pittorico*, parle seulement d'un *Perino da Vinci* qui portait ce nom parce qu'il était neveu du grand Léonard, et né comme lui dans le bourg de Vinci, en Toscane ; mais qui fut uniquement sculpteur, et mourut à l'âge de vingt-trois ans. *Voy.* Vasari, part. 3 liv. 1. *fogl.* 415.)

seiller du Roi en ses conseils, dans son *Abrégé de la vie de quelques peintres*, et même encore vers 1750, par Pierre-Jean-Mariette, contrôleur de la grande chancellerie de France, et riche collecteur d'estampes, dans une lettre prétentieuse au comte de Caylus (1), quoiqu'il n'eût jamais vu ce tableau, comme on en sera convaincu tout-à-l'heure. Faut-il demander s'il fût attribué à Léonard de Vinci par Bernard Lépicié, dans son *Catalogue raisonné des tableaux du Roi, fait par son ordre*. (Paris 1752)? Au dire de Lépicié, « le dessin du tableau était d'une » grande correction et d'un grand goût.... Les expres-» sions et les attitudes des trois figures faisaient connaître » combien Léonard de Vinci savait donner à chaque objet » le caractère qui lui convenait le mieux. » Pour com-pletter son rôle de courtisan, le *Peintre du Roi* at-tribuait au même Léonard dix autres tableaux de la galerie de sa majesté, parmi lesquels il en était de Bernardin Luini, de François Melzi, élèves de Léonard, desquels Lépicié ne connaissait pas même les noms.

Cette opinion avait pris trop de consistance au dix-huitième siècle, pour ne pas subjuguer, du moins en partie, des connaisseurs expérimentés, au commencement du dix-neuvième. Le peintre-littérateur C. P. Landon, en rédigeant ses *Annales du Musée de Paris*, de 1801 à 1810, ne se dissimulait pas ce que cette opinion avait de suspect, mais n'osait le dire ouvertement. Il se bornait à qualifier de « *singulière*, l'idée d'avoir placé dans ce ta-» bleau, une femme, (la Sainte Vierge), qui devait avoir » au moins dix-huit ans (puisque son enfant en avait

____

(1) Lettre 84ᵉ. au tome II de la *Raccolta di lettere sur la pittura, la scoltura, etc. Roma*, 1757.

(2) *Annales du Musée*, tom. X, an 1805, pag. 119.

» un ou deux), sur *les genoux* de sa propre mère. » Il y avait de l'indulgence et de l'inexactitude en désignant ainsi la partie du corps de Sainte-Anne sur laquelle la mère de Jésus est assise, car elle l'est par côté sur la longueur des *coscie* de Sainte-Anne, et principalement sur la gauche.

Les éditeurs du *Musée français*, en 1803 et années suivantes, MM. Laurent et Robillard-Péronville, qui, pour se conformer à la tradition des deux siècles précédens, attribuaient d'abord ce tableau à Léonard de Vinci, étaient cependant choqués de la manière dont les deux femmes étaient groupées, puisqu'ils se croyaient obligés de la justifier, n'importe comment. « Le peintre, di- » saient-ils, a voulu, écartant l'idée d'un lien conjugal, » faire sentir que la Vierge est devenue mère du Christ, » sans perdre l'innocence et la naïveté de son enfance ; » fille simple et timide, la jeune Marie semble n'avoir » jamais quitté le sein de sa mère ; elle joue avec l'enfant » Jésus, et elle est en quelque sorte un enfant elle-même. « Cette explication, abstraction faite de la vérité historique qui y est faussée, puisque Marie avait été élevée dans le Temple, loin du sein de sa mère, et que, mère à son tour, elle ne pouvait être un enfant ; cette explication, dis-je, pouvait être tout au plus bonne pour des béates. Elle n'en a pas moins été présentée comme admirable en 1811, au prince Eugène de Beauharnais, vice-roi d'Italie, par un peintre bel esprit qui lui faisait acheter fort cher un tableau de Milan, à-peu-près semblable à celui de Paris, et dont il sera parlé tout-à-l'heure plus amplement. « La » Vierge assise sur sa mère, disait le peintre écrivain, » imite amoureusement les filles de mœurs innocentes, » avant que leur mélange avec des hommes leur ait fait

» perdre la grâce de l'ingénuité et l'habitude de s'aban-
» donner avec liberté, même en public, à des démons-
» trations de tendresse (1). » Cette contre-épreuve de
l'explication des rédacteurs du *Musée français*, en fait
ressortir davantage le ridicule et la puérilité.

Eux-mêmes ne s'en dissimulaient guères le peu de
valeur, car ils déguisaient ce qu'il y avait d'inconvenant
dans le groupe, en ne parlant point de la pose de Sainte-
Anne, mais seulement de celle de la Vierge. « Sa pose,
» disaient-ils, est facile, élégante et noble. » Oui; mais
parce que cette pose avait été copiée sur le tableau de
Léonard de Vinci, où la Verge est assise sur un tertre et
non sur les *coscie* d'une femme plus âgée. Serait ce donc
lui, dont on connaît la pureté, le délicatesse de goût en
fait de bienséances, qui aurait substitué à cette agréable
et simple éminence de terrain, les parties inférieures du
corps de la femme plus âgée, dont la partie supérieure,
cachée derrière la jeune, ne laisse voir que la tête
avec son bras gauche. Eh! comment encore, en le pliant
avec raideur au coude en angle droit, pour en porter la
main sur la hanche, à la façon de certaines femmes du
commun? « Léonard de Vinci, disait encore Rubens,
» observoit la bienséance et fuyait toute affectation ; il
» poussait le caractère de la majesté jusqu'à la rendre
» divine (2). » Ce n'est donc pas lui, si noble, si délicat

(1) *Al modo come stanno amorosamente le figlie d'innocente costume, primà che la mistura cogli uomini tolga loro quel brio ingenuo
e l'abito a facili e publiche dimostrazioni di tenerezza* (pag. 251 du
livre : *Del cenacolo di Lionardo da Vinci; dal pittore Giuseppe
Bossi. Milano*, 1810.)

(2) *Voy.* à la pag. 166 du livre de Roger de Piles : *Abrégé de la
vie des peintres; Paris*, 1699.

en fait de convenances, qui a imaginé cette irrévérente et triviale intercalation des *coscie* de la femme âgée sous les *natiche* de la jeune.

Les éditeurs du *Musée français*, par une inconsé-quence à laquelle les entraînait la force de la vérité, nous aident eux-mêmes à prouver que le tableau n'est point de Léonard de Vinci. Après avoir dit « que les traits du » visage de la Vierge portent l'expression convenable de » l'amour et de la joie ; que celui de l'enfant est plein de » feu ; que sa poitrine et ses bras ont de la grâce et de » l'énergie ; » ce qui devait être, puisque tout cela avait été copié par un pinceau habile sur le véritable tableau de Léonard de Vinci ; ils s'étonnent des nombreuses irré-gularités qu'on remarque dans celui du Musée. « Est-il » vraisemblable, continuent-ils, qu'en dessinant Sainte-» Anne, Léonard eût entièrement caché son bras droit? » Croirions-nous que, si le dessin avait été fait par lui, » l'agneau ne serait pas dessiné plus correctement? Est-» ce bien Léonard qui a fait ces pieds sans grâce et sans » relief? » Je pourrais ajouter : serait-ce lui, si soigneux de ne pas blesser les regards dans la disposition des objets de même nature, qui aurait mis les trois pieds de femme qu'on voit en avant, sur trois points symétriques, comme ceux d'un trépied? Serait-ce lui qui aurait négligé de motiver la pose du tronc de Sainte-Anne, et ne nous aurait pas fait comprendre comment ni sur quoi elle est assise?

Les éditeurs du *Musée français* reprennent : « Est-ce » bien cet habile et scrupuleux imitateur de la nature, » qui a répandu sur le visage de la Vierge, une lumière » égale et monotone ; qui a mis la masse entière des che-» veux dans la demi-teinte ?... C'est en d'autres ouvra-

» ges, et non point ici, qu'on peut retrouver la perfec-
» tion de son pinceau. Le respect dû à sa mémoire nous
» fait présumer que le tableau n'est pas de lui, mais de
» quelqu'un de son école. »

Ces écrivains désignaient même Bernardin Luini, en
disant plus loin « qu'il avait très bien imité la manière de
» Léonard. »

D'autres considérations viennent à l'appui de cette
conjecture. Le bandeau transparent qui est ici sur le front
de Sainte-Anne, et dont Léonard de Vinci ne couvrait
point celui de ses figures de femme, est de la même invention et du même *faire* que celui dont Bernardin
Luini a voilé le front de Sainte-Anne dans son tableau de
la Sainte-Famille qui, enlevé à la Bibliothèque ambroisienne de Milan, est pareillement au Musée du Louvre.
Les vêtemens dans l'un et l'autre tableau sont des mêmes
couleurs; et la Vierge est, dans celui de Bernardin Luini,
comme dans celui qu'on dit de Léonard de Vinci, assise sur
les *coscie* de sa mère. On ne comprend pas mieux dans *la
Sainte-Famille* de Luini, comment, ni sur quoi, Sainte-
Anne est assise. Ses genoux y sont aussi dans une position
qui choque la décence; les jambes et les pieds y chagri-
nent l'œil du spectateur par leurs efforts avec contorsion,
pour que les *coscie* puissent résister tout-à-la-fois au poids
de la jeune femme et à la répulsion qu'elles reçoivent de
son élan vers son fils.

Si, méconnaissant la sublimité du génie de Léonard de
Vinci et la noblesse de ses conceptions, au point de le
faire descendre au niveau de Bernardin Luini, l'on
persévérait à soutenir que le tableau du Musée du Louvre,
Sainte-Anne, la Vierge, l'Enfant et l'Agneau, est du
premier de ces deux peintres; ce serait supposer que ce

fut de lui que Bernardin Luini apprit à grouper si peu
noblement les deux saintes. Mais j'opposerais victorieuse-
ment à cette injuste supposition l'éloignement que Léonard de Vinci avait pour de telles postures. Voyez donc
ce qu'en opposition à celle de votre Sainte-Anne, il re-
commandait dans son *Trattato della Pittura* (1), au
chapitre 239 : *Del posar delle femine.* Lisez ensuite ce
qu'il enseignait sur la pondération des corps, dans ses chapitres 263, 265, 266 ; et vous ne douterez plus qu'il ne
se serait jamais permis de faire subir aux jambes et aux
pieds de Sainte-Anne, les efforts impuissans autant que
pénibles, auxquels, dans votre tableau, elle est obligée
pour supporter le corps de sa fille-mère, élancée vers l'enfant qui enjambe l'agneau.

Bernardin Luini avait sans doute un grand talent de
pinceau pour imiter le faire de Léonard de Vinci ; mais
lors-même qu'il eût été doué en naissant, d'un génie aussi
élevé, aussi vaste que Léonard, de son tact si parfait pour
les bienséances les plus exquises, de cette noblesse sans ap-
prêt qui le fit chérir dans les cours les plus polies de son
temps, ce qu'on ne saurait dire de Bernadin Luini ; celui-
ci n'eut pas dans sa jeunesse, les modèles d'urbanité dont
le jeune Léonard de Vinci avait été environné dans le
pays de sa naissance et de sa première éducation. Bernardin naquit dans un village agreste, à Lovino, loin des
villes, et sur le bord d'un lac à peu près sauvage. Là,
certainement, et même à Milan, où il vint étudier la
peinture dans le rustique atelier du sec André Scoto,
l'on ne respirait pas cet atticisme qui, exilé de la Grèce
et attiré en Toscane par les mœurs et l'ascendant des Mé-

(1) Edition des *Classici italiani* : *Milano*, 1804.

dicis, s'y propageait avec tant de complaisance. Il retrouvait sa véritable patrie sur cette terre heureuse, où, lorsqu'elle était nommée l'Etrurie, le ciel en avait si miraculeusement doté les premiers habitans du génie de la science et des arts.

Les auteurs du *Musée français*, en conjecturant que le tableau de Paris pouvait être de Bernardin Luini, s'étaient approchés de la vérité; mais ils en étaient dévoyés quand ils pensaient ensuite que ce tableau « pouvait avoir » été peint d'après le fameux carton que, pour un tableau » de Sainte-Anne, Léonard de Vinci avait fait à Florence. » Vasari dit que ce carton était si merveilleux, « qu'il fit accourir pour l'admirer tous les Florentins, » hommes et femmes, jeunes et vieux, comme s'ils venaient à une fête solennelle (1). » Les Milanais revendiquaient aussi pour le tableau de l'une de leurs églises, où le même sujet était représenté, l'honneur d'avoir été peint d'après ce fameux carton. Il est utile de faire intervenir, entre ces deux prétentions rivales, une digression qui mette mon lecteur à même de savoir si l'une des deux est mieux fondée que l'autre, et peut-être de juger que l'une et l'autre n'ont pour fondement que de vaniteuses présomptions.

(1) *Fece un cartone dentrovi una Nostra Donna e una Santa-Anna con un Cristo... Finita ch'ella fu, nella stanza dararono due giorni d'andare a vederla gli uomini e le donne, i giovani e i vecchi, come si va alle feste solenni, per veder le maraviglie di Leonardo, che fecero stupire tutto quel popolo* (tom. v, pag. 38 de l'édition de Sienne, 1792).

§. II.

**Du carton de Léonard de Vinci, dessiné, en 1501 , à Florence,
pour un tableau de Sainte-Anne.**

Vasari, qui le premier parla de ce carton, en 1550, et
le vanta comme un prodige, ne l'avait point connu. Né
en 1512, onze ans après que ce carton eût émerveillé
Florence, et n'ayant que quatre ans, lorsqu'en 1516,
Léonard de Vinci et son carton passèrent en France, il
n'en faisait la description que sur des *ouï-dire*, trente-
quatre ans après qu'il eût été dessiné. Borghini qui, pareillement Florentin, vint, en 1584, le préconiser, en
disant, d'après Vasari, que ce carton avait été porté en
France, lorsqu'en 1516, François Ier. y attira Léonard
de Vinci, ne le décrivait que d'après la tradition floren-
tine de son temps, qui déjà différait en un point essentiel
de la description faite par Vasari. Celui-ci avait dit : « On
» y voyait la Sainte-Vierge s'épanouissant de joie en ad-
» mirant la beauté de son enfant qu'elle tenait avec ten-
» dresse *contre son sein*, non sans jeter en même temps
» un regard de satisfaction sur un petit Saint-Jean qui,
» à ses pieds, jouait avec un agneau; une Sainte-Anne,
» pleine de contentement, souriait à l'aspect de sa progé-
» niture terrestre devenue toute céleste (1). » Suivant

(1) *Si vedeva Nostra Donna , che contentissima di allegrezza del
vedere la bellezza del suo figliuolo che con tenerezza sosteneva in
grembo, e mentre che ella con onestissima guardatura abasso scor-
geva un santo Giovanni piccol fanciullo, che si andava trastullando
con un pecorino: non senza un ghigno d'una santa Anna , che, colma
di letizia, vedeva la sua progenie terrena esser divenuta celeste.*
(tom. ii, pag. 570, de l'édition de Florence, 1550, et tom. v,
pag. 59 de l'édition de Sienne , 1792).

Borghini, le carton représentait « une Sainte-Anne, le
» Christ, la glorieuse Vierge avec *d'autres saints* (1). »

Borghini restait persuadé que ce carton était encore à
Paris, en 1584, tandis que, la même année, le Milanais
Jean-Paul Lomazzo publiait que ce carton était à Milan,
en la possession d'Aurèle Luini, fils de Bernardin. Mais
la description qu'il en donnait ne prouvait pas que c'était
le même dont Vasari et Borghini avaient parlé. « En ce
» carton de Florence que possède Aurèle, disait Lomazzo,
» Léonard a exprimé, dans la Vierge Marie, l'allégresse
» et la satisfaction qu'elle ressentait de ce qu'un aussi bel
» enfant que le Christ était né d'elle, et de ce qu'elle avait
» été rendue digne d'être sa mère ; puis, dans Sainte-
» Anne, le contentement qu'elle éprouvait en voyant sa
» fille devenue mère de Dieu, et elle-même béatifiée (2). »
Lomazzo ne disait point qu'il y eût un agneau ; Borghini
n'en avait pas parlé, et il avait signalé *d'autres saints*,
dont il n'était fait aucune mention par Lomazzo ni par
Vasari. Celui-ci montrait l'enfant Jésus entre les bras de
sa mère, contre son sein, et un petit Saint-Jean-Baptiste,

(1) *Ritornato poi à Firenze, fece un cartone, che aveva a servire
per l'altar maggiore della Nunciata, una santa Anna, con Cristo, e
la Virgine gloriosa con altri santi* (pag. 159 du tom. II, édition des
Classici italiani; Milano, 1807, de *Il riposo in cui si tratta della
pittura e della scultura de'più illustri professori antichi e moderni*,
mis au jour à Florence, en 1584).

(2) *Dove egli (Lionardo) espresse nella Virgine Maria l'allegrezza
e il giubilo che sentiva vedendosi nato un così bello fanciullo qual
era Cristo, e in santa Anna similmente la gioja e il contento che sentiva vedendo la figliuola madre de Dio, e ella beatificata. (*Cette
phrase qui était déjà dans la première édition du *Trattato della pittura*, etc. de Lomazzo, en 1584, est à la pag. 171 de la seconde,
Milano, 1585, l. 2, cap. 17.)

quatrième figure qu'on ne voit dans aucun des tableaux peints, dit-on, d'après le carton de Florence. Remarquons, en outre, qu'aucun de ces trois écrivains n'a dit que la Sainte-Vierge fût assise sur les *coscie*, ni même sur les genoux de sa mère.

Aurèle Luini avait tellement persuadé les Milanais que le carton qu'il possédait était celui-là même de Florence, que les amateurs voulurent en avoir des copies; et il en distribuait d'autant plus généreusement qu'il prévoyait que ceux qui les auraient seraient intéressés à vanter son carton comme l'original (1). Lomazzo, qui nous apprend cette distribution, et qui, ayant voyagé par toute l'Italie avec une profonde intelligence des arts du dessin, en connaissait toutes les peintures remarquables, comme le prouve son grand Traité, confesse implicitement qu'en 1584 il n'en existait encore alors aucune, d'après le carton de Florence. Vasari d'ailleurs nous dit positivement qu'à Florence, Léonard ne fit jamais le tableau projeté dans ce carton, malgré les instances des religieux qui le lui demandaient (2); et l'on sait qu'en France, il n'exécuta point en peinture ce carton, quoiqu'il en eût été sollicité sans cesse par François Ier. Dans les deux ans qu'il y vécut, il en fut toujours empêché par les infirmités de la vieillesse, et finalement par la mort, en 1519 (3).

<hr>

(1) *Ne vanno attorno molti disegni.* (*Ibid.*, *ibid.*)

(2) *Et così li tenne in pratica lungo tempo, ne mai cominciò nulla* (pag. 590 du tom. II, édition de Florence. 1550).

(3) *Desiderava il rè che colorisse il cartone della santa* **Anna**; *ma egli, secondo il suo costume, lo tenne gran tempo in parole, et non operò mai. Venuto vecchio, stette molti mesi ammalato, e morì nell*

Comment concilier ces deux faits bien constatés, avec
le sonnet qui, dans le volume des poésies du seigneur bolognais, Jérôme Casio de Médici, publié a Bologne en
1525, portait en titre : « Pour le tableau de Sainte-Anne
» que Léonard de Vinci peignit (ou a peint) retenant
» dans ses bras la Vierge Marie qui voulait empêcher son
» fils de descendre snr un agneau (1)? » L'explication que
le sonnet donnait de cette peinture, qui, au fond, ne
pouvait être que présumée, en contient une description
dont, à la vérité, quelques traits pourraient s'appliquer
au carton de Florence, et quelques autres au tableau de
Paris, mais qui, dans son ensemble, n'est applicable ni à
l'un ni à l'autre. Voici comment s'exprimait Casio : « Cet
» enfant, dont Saint-Jean avait dit : *Voilà l'agneau de
» Dieu*, veut s'identifier avec un agneau sans tache,
» parce qu'il doit être immolé pour le salut du monde.
» Sa mère le retient, parce qu'elle ne voudrait pas la perte
» de son fils et qu'elle redoute la douleur qu'elle en res-
» sentirait ; mais Sainte-Anne, qui savait que Jésus n'a-
» vait revêtu le voile de l'humanité que pour effacer le
• péché d'Adam et d'Eve, dit a sa fille, avec un zèle
• compatissant : Ne l'empêche pas d'agir comme il le

età di etc. (*Ibid.*, *ibid.*) Borghini, pag. 459, édition des *Classici
italiani. Milano*, 1807.)

(1) *Per S. Anna che dipense L. Vinci, che tenea la Maria in
brazzo, che non volea il figlio rendersi в pro un agnello.* (Titre du
sonnet CXLIV, pag. 70 de *Libro de' poci giorni sacri de li quali si
fa mentione, etc. ; per il Mago. Hieronimo Casio de' Medici, lau-
reato e del Felsineo studio a formatore, la anno del giubileo MDXXV.*
Edition plus rare que celle de 1528, et dont un exemplaire est à
la Bibliothèque de l'Arsenal de Paris, sous le n°. 4040. B.

» fait, parce qu'il lui est ordonné par le ciel de s'immo-
» ler lui-même (1). »

Suivant le sonnet, Marie tenait encore l'enfant dans ses bras, et ne voulait pas qu'il descendît sur l'agneau; dans le carton de Florence l'enfant était aussi entre les bras de Marie; mais on voyait un second enfant, le petit Jean-Baptiste, qui jouait avec l'agneau. Le tableau de Paris, où il n'y a qu'un enfant, comme dans la description faite par Casio, ne paraît pas en différer formellement en ce qui concerne le groupe de Sainte-Anne avec la Sainte-Vierge, mais il en diffère tout à-fait quant à l'enfant, puisqu'il le représente montant effectivement sur l'agneau, tandis que Casio l'avait vu dans les bras de sa mère qui l'empêchait de descendre sur l'agneau.

Pour apprécier, comme document historique, le sonnet de Casio, il faut savoir d'abord que ce poète était devenu tout-à-coup dévôt, après avoir passé soixante ans dans la volupté, comme il le déclare lui-même en ses

(1) J'aurais tort de priver mon lecteur de la connaissance du sonnet de Casio; le voici :

Ecce agnus Dei, disse Giovanni,
  Che entrò e uscì nel ventre di Maria,
  Sol per drizar con la sua santa via
  E nostri piedi a gli celesti scanni.
De immaculato agnel vuol tuorre i panni,
  Per far al mondo di se beccaria :
  La madre lo ritiene che non voria
  Veder del figlio, e di se stessa i danni.
Santa Anna, come quella che sapeva
  Giesù vestir de l'human nostro velo
  Per cancellar il fal di Adam e di Eva,
Dice a sua figlia con pietoso zelo :
  « Di retirarlo il pensier tuo ne lieva,
  » Che gli è ordinato il suo immolar dal cielo. »

autres poésies (1). Il l'était déjà en 1500, car cette année-là, il avait fait peindre par Jean-Antoine Beltraffio, élève de Léonard de Vinci, pour l'église de *la Miséricorde*, hors des murs de Bologne, un grand tableau où lui-même était représenté à genoux aux pieds de la Sainte-Vierge tenant son enfant, et accompagnée d'un Saint-Jean-Baptiste avec un Saint-Sébastien nu (2). Dans la ferveur de sa conversion, il avait entrepris le voyage de la Terre-Sainte pour achever d'expier ses péchés; et ce voyage lui avait valu deux ou trois ans de captivité chez les Turcs. Qu'on juge de l'âge qu'il devait avoir quand furent publiées ses poésies. Il n'était guère capable, surtout pour des objets qui se rattachaient à la religion, de ce talent de critique qui ne permet pas à de pieuses fraudes d'usurper les droits de la vérité.

Quand il disait que le sujet décrit par lui, avait été peint par Léonard de Vinci, il n'avait pu en voir le tableau, puisqu'il n'en existait encore aucun de pareil, comme cela vient d'être constaté. Que décrivait-il donc? ce ne pouvait être qu'un carton qui lui était montré comme étant celui-là même que Léonard de Vinci avait composé à Florence en 1501. Mais ce n'était pas en réalité ce fameux

(1) Son recueil bizarre de poésies contient, à la suite de ses sonnets mystiques, beaucoup de pièces inspirées par la volupté. Parmi les mystiques, il en est plusieurs où il en témoigne à la Sainte-Vierge un grand repentir. Je ne citerai de celles-ci que les quatre vers d'une longue complainte qui est au *fol.* 6, *recto*, de son recueil :

> *Dodici lustri intra le humane squadre,*
> *Con le mie rozze rime e incolta prosa*
> *Consonti ho già nella schira amorosa*
> *E in pensier vani e opre triste et adre.*

(2) *Voy.* Vasari, à la fin de sa *Vie de Léonard de Vinci.*

carton, puisque, porté de Florence à Paris ou Fontaine-
bleau, en 1516, il n'en était pas revenu à Bologne. On
abusa donc le vieux poète en lui présentant, comme ce
véritable carton, un autre qui aurait été composé conjec-
turalement en un sens analogue, par quelque artiste exer-
cé dans la manière de Léonard de Vinci Il était dès lors
facile de persuader à Casio que ce peintre si célèbre étant
en France, n'avait pas négligé d'exécuter en peinture un
carton qui déjà lui avait fait tant d'honneur. Casio,
étant à près de trois cents lieues du pays qu'habitait
Léonard, ne pouvait rien vérifier ; et il ne se doutait pas
que Bernardin Luini était de l'école de ce grand peintre,
car il croyait, jusqu'à le dire dans ses vers, que Léonard
n'avait pas eu d'autre élève que Beltraffio (1).

Mais ce carton qu'on lui avait montré, dont il croyait
que le tableau avait été peint, et qui, bien certainement,
n'était pas le fameux carton de Florence, 1°. où et par
qui avait-il pu être dessiné ? 2°. quand donc ensuite et par
qui put-il être exécuté en peinture, avec un changement
qui, déplaçant l'enfant des bras de sa mère, le mit à ses
pieds et l'y fit enjamber l'agneau, comme on le voit dan
le tableau de Paris et dans celui de Milan ; car le sujet n'
jamais été peint qu'avec cette variante, respectivement
à la description contenue dans le sonnet de Casio, et

(1) Beltraffio étant mort à Milan, en 1516, à l'âge de quarant
neuf ans, et Casio ayant appris son décès, fit en son honneur l
quatrain suivant qu'on trouve dans sa *Cronica* (Bologne, 1525) a
fogl. 46, *recto.*

> L'Unico allievo del Vinci Leonardo,
>   Beltrafio, che col stile e col penello,
>   Di natura facea ogni ben più bello,
>   Morì, ch' el ciel ven f... a rapirlo tardo.

même à celle du carton de Florence ? 3° Était-ce vraiment
ce carton qu'en 1584, Aurèle Luini, fils de Bernardin,
montrait comme tel avec tant de jactance? 4° Si ce n'était
pas le véritable carton de Florence, comment Lomazzo
put-il s'y méprendre? Tout cela va s'expliquer par quelques notions biographiques.

1°. Observons avant tout que, lorsqu'à la fin de 1499,
Léonard de Vinci quitta Milan pour aller à Florence,
Bernardin Luini, qui partit aussitôt pour Rome, ne le
revit plus ; car, lorsqu'il revint en Lombardie, Léonard lui était devenu étranger. Mais en allant à
Rome, Bernardin avait emporté plusieurs dessins de ce
grand maître, parmi lesquels ne pouvait être le fameux
carton de Florence qui ne fut fait qu'en 1501. Quand,
cette année là ou la suivante, on apprit à Rome que ce
carton avait excité dans Florence une admiration si vive
et si générale, Bernardin Luini, qui n'était pas (ce qu'on
ne vit jamais) un peintre sans émulation ni prétention,
et que les louanges décernées à son pinceau portaient à
s'estimer beaucoup lui même, dut naturellement se mettre
à composer un dessin de Sainte-Anne, d'après ce qu'il
apprenait vaguement de la composition du carton de
Léonard de Vinci. Il put, à cet effet, consulter celui des
précédens dessins de Léonard qui, représentant la Sainte-
Vierge, se prêtait le mieux à l'intercalation d'une Sainte-
Anne. Mais, dans tous ceux où, de même que les autres
peintres, Léonard avait représenté la Vierge assise, elle
l'était sur un fauteuil, ou une chaise, ou un bloc de ro-
cher, ou un tertre champêtre ; le génie foncièrement
villageois de Bernardin Luini pouvait trouver fort bien
de substituer à de pareils sièges la moitié inférieure du
corps de Sainte Anne, dont il lui fallait placer le tronc

derrière la Vierge qui, dès-lors, empêchait qu'on ne le
vît; et cependant Sainte-Anne devait être la figure prin-
cipale, dominante et plus apparente du tableau. Il ne
pouvait plus que l'indiquer en faisant ressortir sa tête sur
l'arrière-plan. Mais l'embarras était de la placer juste; et il
fallut, pour cela, faire plus d'un essai. Comme, d'ailleurs,
l'art avait toujours voulu que la Vierge assise le fût de
biais, à trois quarts de face, ce qu'exigeait encore son
mouvement vers l'enfant, il n'était pas possible de l'as-
seoir sur les genoux proprement dits de Sainte-Anne, parce
qu'elle y aurait été vue à pleine face. Il fallait donc qu'elle
se trouvât assise sur la longueur des *cuisses* de sa mère.
Au surplus, la manière au moins *singulière* de grouper
ainsi les deux femmes était si fort dans le goût de Bernardin Luini qu'il en a agi de même en d'autres tableaux,
et notamment selon que je l'ai déjà fait observer, dans sa
Sainte-Famille.

Mes conjectures sur les procédés de Bernardin Luini,
pour la composition d'un dessin de sainte-Anne, capable
de rivaliser avec le célèbre carton fait à Florence par
Léonard de Vinci, sont justifiées par la description contenue dans le sonnet de Jérôme Casio; car cette description, qui ne s'accorde point avec ce carton, ni avec aucun tableau fait d'après ce modèle, puisqu'il n'en existait
aucun, est précisément celle de l'état où serait alors
parvenu le dessin de Bernardin Luini.

Elle est, en même temps, chose très remarquable, la
description exacte d'un croquis à la plume, dont je
donne ici le calque fidèle, et que, vers 1695, montrait
avec vanité, comme étant de Léonard de Vinci pour un
tableau de sainte Anne, un moine de Rome, le père
Sébastien Resta, de l'institut de saint-Philippe de Néri,

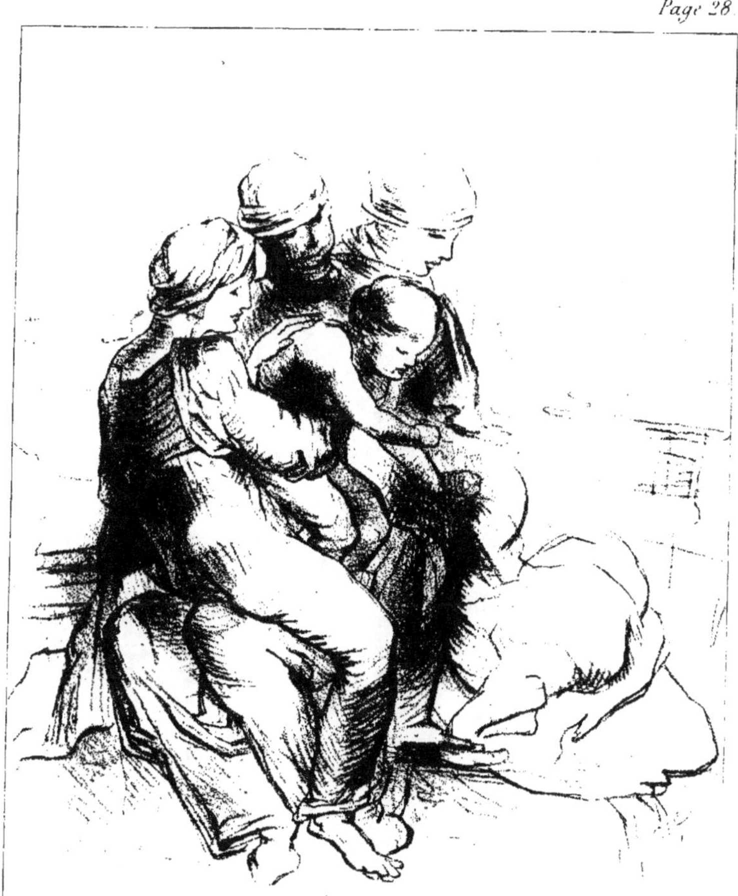

ardent *rechercheur* de déssins originaux des grands maî-
tres et enthousiaste de ceux qu'il avait acquis, authentiques ou non, selon la coutume de pareils amateurs. Il
prétendait que ce croquis, où le dessinateur avait essayé,
en deux endroits de l'arrière plan, de figurer la tête de
sainte-Anne, dont pourtant il montrait en avant les *coscie*
et les jambes, était la seconde ébauche du dessin de Léonard de Vinci pour un tableau projeté de sainte-Anne ;
que cette seconde ébauche fut faite à Milan, et produisit
peu de temps après, dans un troisième dessin fait à Florence, le fameux carton qui lui procura tant de gloire (1).
Mais la supposition qu'avant d'aller à Florence, étant
encore à Milan, il eût eu le projet de faire un tableau de
sainte-Anne, manque de fondement solide. On sait qu'à
Florence il ne se mit à imaginer un carton où elle serait
représentée, que parce que les moines *Servites* de cette
ville voulaient avoir de lui un tableau de sain'e-Anne
pour le maître-autel de leur église de l'*Annonciade* ; et
l'on reste stupéfait en lisant les fables mêlées d'anachro-
nismes que le père Resta débitait avec une présomptueuse assurance, pour donner à son croquis une valeur
extraordinaire (2). Il ne pouvait se prévaloir davantage

(1) Le père Resta écrivait de Rome, *al signor Bellori*, vers 1695 :
*Leonardo dopo il primo schizzo, ne fece questo secondo più condot-
to, in Milano : ed è il presente. In Firenze poi dimorando, ne fece
un terzo compito, ricovandolo da questo secondo, e lo mandò al rè
Francesco primo* (pag. 526 et suivantes du tom. 3 de *Raccolta di
lettere sulla pittura, scultura, ed archittettura ; Roma,* 1757,
in-4°.).

(2) A l'en croire, « Louis XII, entré en vainqueur dans Milan,
» en 1499, ordonna à Léonard de Vinci de lui composer un car-
» ton pour un tableau de sainte Anne ; et Léonard en fit d'abord

de la confiance extrême avec laquelle étaient reçues en Italie et ailleurs, les assertions qui partaient de Rome avec le ton de l'infaillibité, sur quelque matière que ce fût (1).

2°. Pour découvrir où et par qui fut peint, toutefois avec quelques changemens, ce que Casio avait décrit, et qui ne pouvait être qu'un dessin, comme nous l'avons démontré, et le dessin tracé à Rome par Bernardin Luini ; il faut reprendre la marche de ce peintre revenant en Lombardie, entre 1512 et 1516. Déjà en 1520, il y achevait, dans la jolie chapelle de la sainte Vierge, à Sarone, cinq lieues au delà de Milan, une fresque qui

» un premier dessin, après quoi il en traça un autre beaucoup » meilleur. » C'était celui-là que le P. Resta se glorifiait de posséder, d'après lequel il affirmait que Léonard fit à Florence son célèbre carton de Sainte-Anne. Mais Louis XII n'entra dans Milan que le 6 octobre 1499 ; et Léonard de Vinci, consterné de la défaite de son protecteur, le duc Ludovic, *le More*, quitta cette ville aussitôt, et retourna, peu de jours après, à Florence. Le P. Resta, pour faire valoir son croquis, donnait des entorses à l'histoire, et arrangeait à son gré la vie de Léonard de Vinci, jusqu'à prolonger ses jours au-delà de 1545, comme on le voit dans une autre lettre de ce moine, à la pag. 551 du tom. 5 de la même *Raccolta* romaine. Il ne prévoyait pas que, vers la fin du 18ᵉ. siècle, l'abbé Amoretti viendrait nous donner les preuves authentiques du départ de Léonard pour Florence, en novembre 1499, et de sa mort, en mai 1519, à l'âge de 67 ans. (*Memoria su la vita e le opere di Leonardo da Vinci*, pag. 27, 121 et suivantes de l'édition de 1804).

(1) Naguères encore, un autre moine de Rome, le P. Joachim Ventura ne nous disait-il pas, dans son *Giornale ecclesiastico di Roma*, en janvier 1825 : *Il linguaggio romano, anche quando non è l'eco degli oracoli infallibili del Vaticano, ha una forza tutta sua propria di autorità, che si sente senza che si possa ne definir ne comprendere ?*

porte cette date, et à laquelle il en ajouta une autre, terminée en 1525. Sans doute, depuis son retour, il avait vu l'un ou l'autre des deux tableaux que Léonard de Vinci avait peints à Florence dix ans après y avoir fait le célèbre carton de 1501, et qu'en 1512, il apporta à Milan : ceux que j'ai décrits dans la première partie de la présente dissertation, et dans lesquels l'enfant enjambe si gracieusement l'agneau aux pieds de la Sainte-Vierge. Charmé par ce groupe, aurait-il résisté à la tentation de l'adapter à son dessin, en déplaçant l'enfant qu'il y avait mis entre les bras de sa mère, mais en maintenant sa populaire invention de la substitution des *coscie* de Sainte-Anne au tertre champêtre sur lequel, dans les deux vrais tableaux de Léonard de Vinci, la Vierge était assise ? Il crut alors, et ses compatriotes aussi purent croire, qu'il avait complétement deviné et composé lui-même, de son côté, le carton de Florence. Déjà l'on entrevoit comment, soixante ans plus tard et quarante trois ans environ après sa mort, les Milanais ont pu s'y méprendre sur la parole tranchante de son fils Aurèle Luini, soutenue par l'autorité de Lomazzo.

Bernardin qui, en 1530, était déjà considéré par les siens comme l'égal de Léonard de Vinci, put-il s'empécher d'exécuter en peinture son dessin, que ses compatriotes aimaient à confondre dans leur estime, avec le carton de Florence, qu'ils n'avaient jamais vu, et qui était perdu pour l'Italie ? D'autres tableaux que Bernardin avait peints, d'après des dessins de Léonard de Vinci, toutefois avec des variantes de sa façon, passaient déjà pour être de ce grand maître. Après avoir fait quelques peintures à Milan, il allait peindre çà et là dans les autres villes de l'Italie septentrionale, dénaturant, même en les copiant , les plus merveilleuses peintures de Léonard de Vinci , telles que son Cénacle , dans la copie qu'il en fit chez les Franciscains de Lugano , d'où , par le lac majeur et le Tesin, il put descendre facilement à Novarre et Verceil. Il y était attiré par les succès de Gaudence Ferrari (1), qui avait été jadis son condisciple chez le vieux Scoto , puis son compagnon à Rome , sous Raphaël , et avec lequel il travaillait naguères dans la chapelle de Sarone , dont Gaudence peignit la coupole pendant que Bernardin en peignait le sanctuaire. Si ce ne fut pas dans le Novarrais que Bernardin Luini exécuta en peinture son carton , il y en avait fait venir le tableau récemment peint. C'est par sa nouveauté , encore plus que par son mérite , qu'une peinture cause , dans le pays où elle se manifeste, cette vive émotion qui détermine un de ses peintres à lui en procurer une copie Or, la première qui se soit faite, non du tableau de Milan , comme on le verra tout-à-l'heure , mais de celui de Paris . l'a été dans le Novarrais , vers le milieu du xvie. siècle. Le copiste ne fut rien moins que le plus habile des élèves de Gaudence Ferrari , c'est-à-dire Bernardin Lanino de Verceil , qui faisait à Novarre, dans une chapelle de saint Joseph , des peintures qu'on y admire encore.

Les guerres qui désolèrent cette contrée , pendant une grande partie du même siècle, ne permirent pas aux étrangers d'apprécier ni même de connaître l'original et la copie , d'autant plus que Bernardin Luini étant mort vers 1541 , et Bernardin Lanino , en 1558 , n'eurent pas le temps ni la faculté de les faire préconiser au loin. Les

(1) *Museo novarese*, par Lazare-Augustin Cotta, *Milano*, 1701 , *in-fol.*

deux tableaux restèrent comme oubliés dans le Novarrais. On a vu par qui celui de Luini acquit une grande réputation, en 1630; celui de Lanino, découvert à Verceil, vers 1801, par des explorateurs intelligens, devint la conquête de la *Pinacoteca* de Milan, où je l'ai souvent examiné en 1812.

Il est aussi sur bois, mais un tiers à-peu-près moins grand que le tableau de Paris. Les figures y sont posées et vêtues de même. Lanino s'est permis dans sa copie quelques variantes assez heureuses. 1º. Il a eu le bon esprit d'y faire paraître l'épaule droite et le bras droit de Sainte-Anne; 2º. la Vierge y retient son enfant avec une légère écharpe qui passe sous ses aisselles et derrière son dos; 3º. le fond consiste en une cloison rembrunie, où par un contraste ingénieux, une interruption laisse voir au loin un joli paysage.

3º. Pour juger si le carton possédé et montré par Aurèle, fils de Bernardin Luini, était, suivant sa prétention, le véritable carton de Florence; il faut savoir d'abord qu'Aurèle, né en 1530, n'avait que dix ans quand son père mourut. Il était incapable de discerner parmi les dessins et cartons de la succession, ceux qui étaient en entier de Bernardin, et ceux qui n'étaient que des récompositions d'après ceux de Léonard de Vinci Ce ne fut que vers sa cinquantième année, qu'énorgueilli par ses propres succès dans l'art cultivé par son père avec un talent fort vanté, et n'hésitant pas dans son amour filial, exalté par l'amour propre, à croire le mérite de son père, à qui déjà Lomazzo le comparait, égal à celui de Léonard de Vinci, il se montra persuadé que le carton de la succession paternelle était celui que Léonard avait dessiné à Florence, plus de soixante-cinq ans auparavant. A cette époque, où il y avait si peu d'esprit de critique, bien des gens imaginèrent que le recouvrement de ce fameux carton avait été fait par Bernardin Luini. On ne réfléchissait pas que Bernardin était mort six ou sept ans avant le roi François Ier., décédé le 31 mars de 1547, et que ce monarque avait attaché trop de prix au carton de Florence, pour se le laisser enlever. Aussi demandez à Aurèle Luini et à Lomazzo, qui consacrait avec son autorité les assertions d'Aurèle, par qui, et quelle année, ce carton aurait été apporté de France à Milan ; comment Aurèle en serait devenu le possesseur privilégié? Ni l'un ni l'autre ne pourront vous le dire.

4°. Enfin Lomazzo, si judicieux en fait d'objets d'arts du dessin, et n'ayant alors que quarante-six ans, pouvait-il être induit en erreur sur le véritable auteur du carton montré par son ami Aurèle avec tant de jactance? Oui, parce qu'il était aveugle depuis treize ans, et que la confiance de l'amitié le portait naturellement à prendre pour véridiques les assertions d'Aurèle. De là vient qu'il les donna pour certaines dans son grand *Traité*, digne en général de beaucoup d'estime. Il en résulta que, quarante ans après, des peintures antérieurement faites à Milan, d'après le carton montré par Aurèle, l'une à fresque sur une muraille (1), l'autre sur une toile mobile et en détrempe (2), passèrent pour avoir été faites d'après

(1) Le cardinal Frédéric Borromée le croyait quand il fit faire, d'après cette fresque, un tableau à l'huile par le peintre André Bianchi, dit *il Vespino*, comme on le voit dans son *Musœum* (Milan, 1625, in-fol., au chapitre des *Copies faites avec soin*.

(2) Cette toile peinte en détrempe était encore, en 1804, dans la chapelle domestique du palais Venini, à Milan (Amoretti, *Memorie*, etc., pag. 91 et 17).

le célèbre carton de Léonard de Vinci, au pinceau même de qui la vanité des possesseurs essayaient de les faire attribuer. Mais ce fut en vain, parce qu'il devenait de plus en plus notoire que Léonard de Vinci n'avait jamais exécuté en peinture quelconque son carton de Florence.

De ce que ce carton ne se retrouve plus en France, où il dut être fort négligé et périr sous les règnes orageux qui succédèrent à celui de François Ier, l'on ne peut en conclure qu'il fût porté à Milan, où même n'existe plus depuis la mort d'Aurèle Luini, en 1593, le carton qu'en 1584 il avait étalé avec tant de présomption. C'est ici le cas d'observer qu'il ne reste plus rien en Italie, pas plus qu'en France, de ceux des dessins et cartons de Léonard de Vinci, d'après lesquels Bernardin Luini, Salaï et François Melzi ou quelque autre de leurs contemporains firent ces tableaux que leurs possesseurs disent avoir été peints par Léonard lui-même (1). On devine aisément les motifs qui ont causé la ruine de ces dessins et cartons. Dans les doléances qu'en faisait Amoretti, il donnait pour généralement reconnu que cette *Sainte-Famille avec Saint-Michel qui présente une balance à l'enfant Jésus,* (tableau qui, enlevé par la révolution à la Bibliothèque ambroisienne de Milan, est au Musée de Paris, où il passe pour avoir été peint par Léonard de Vinci), n'est que de Bernardin Luini; mais d'après un dessin de Léonard qui a disparu comme tous les autres de sa composition après qu'il eut été exécuté en peinture par son imitateur.

(1) *Non sappiamo ove siano i cartoni di Lionardo da Vinci, che servirono a Salaï e a Luino il seniore (Bernardino) per le mentovate loro tavole* (pag. 175 de *Memorie su la vita e le opere di Lionardo da Vinci*).

(2) *La Sacra Famiglia con Santo Michele; sappiamo che il*

§. III.

**Du tableau de la sacristie de Sainte-Marie, près Saint-Celse, à
Milan, qu'on dit semblable à celui du Musée du Louvre : *Sainte-
Anne, la Sainte-Vierge, l'Enfant et un agneau*.**

Ce tableau, que j'appellerai *le Tableau de Milan*,
quoique, depuis 1814, il ait été porté en Bavière par le
jeune vice-roi Eugène Beauharnais, est plus brillant,
mieux conservé, d'une date évidemment moins ancienne
que celui de Paris et d'un faire différent. Sa largeur est à-
peu-près la même, quoiqu'il ait un peu plus de hauteur.
Pendant la première moitié du dix-septième siècle, il
passa pour avoir été peint par Léonard de Vinci. Les prê-
tres et les fabriciens de l'église dans la sacristie de laquelle
il était, lui avait fait cette réputation, sans toutefois pou -
voir dire quand ni comment il y était venu. Certainement
il n'avait pas été peint pour cette église, dont, à la vérité,
les fondations avaient été jetées en 1491, mais dont la cons-
truction n'était pas encore achevée en 1550, lorsque, depuis trente-un an, Léonard de Vinci était mort. Ce fut seulement sous l'archiépiscopat de saint Charles Borromée,
de 1560 à 1584, que cette église fut en état de recevoir
les ornemens d'architecture dont l'enrichirent les célè -
bres Pellegrini et Bassi.

Vers le milieu du siècle suivant, les Milanais furent
obligés de confesser que le tableau ne pouvait être de
Léonard de Vinci ; mais ils voulurent conserver quelque

*Vinci, non ne fece che il cartone. Lo stesso dicasi d'una consimil
tavola, ch'era della nostra galleria, dipinta da Bernardino Luini*
(pag. 169 et 170 des *Memorie* ci-dessus).

chose de leur précédente illusion, en s'appuyant sur ce que Vasari avait dit « que ce grand peintre retoucha » certaines peintures qu'avait faites à Milan son élève » Salaï. » (1) Ils attribuèrent donc ce tableau à Salaï, comme s'il eût été le seul des élèves de Léonard de Vinci dont il avait retouché les peintures. Dans la magnifique copie de son mémorable *Cénacle*, faite par son autre disciple *Marco da Oggiono*, il y a trois têtes reconnues bien dûment pour être l'œuvre de son pinceau. (2) L'on peut même douter que Salaï eût fait à Milan quelque peinture digne d'être retouchée par un si grand maître.

Lorsqu'en 1671, les frères Sant-Agostini, peintres distingués de Milan, publièrent leur *Catalogo delle pittura insigni nulla città di Milano*, ils y dirent affirmativement que le tableau en question était de Salaï, autrement dit Salaïno. La description qu'ils en faisaient, montre qu'alors ce n'était point Sainte-Anne qu'on y croyait voir avec la Sainte-Vierge, mais Sainte-Elisabeth ; ni le fils de Marie, jouant avec l'agneau, mais un petit Saint-Jean-Baptiste. Quarante six ans auparavant, ces deux figures avaient été ainsi nommées par le cardinal Frédéric Borromée, dans son *Musæum*, en donnant à la bibliothèque ambroisienne le tableau analogue dont j'ai parlé ci-devant (3).

Mais, en 1674, le chanoine milanais Charles Torré vint soutenir que le tableau de la sacristie de Sainte-Marie près

(1) *Certi lavori che, in Milano, si dicono essere di Salaï, furono ritochi da Lionardo* (pag. 570 du tom. 2, de Vasari, édition de Florence, 1550).

(2) Vo.. mon livre publié à Milan en 1811 : *Le Cénacle de Léonard de Vinci, rendu aux amis des beaux arts*, pag. 13 de l'avant-propos, et 5 du corps de l'ouvrage.

(3) Ci-devant, page 54, note 1.

Saint-Celse, avait été peint par Léonard de Vinci. Torré était visiblement piqué de ce qu'en 1651, Trichet du Fresne avait exclusivement attribué ce privilége au tableau de Paris : ce qui faisait descendre celui de Milan au rang des copies. « Le nôtre, disait fièrement le bon chanoine,
» est un trésor ; dans aucun autre, vous ne trouverez
» rien de plus admirable ; il en est un à Paris, dans le
» palais *Cardinal*, qui représente le même sujet, suivant
» ce que rapporte Raphaël du Fresne dans sa *Vie* de
» Léonard de Vinci. Lequel de ces deux tableaux est l'ori-
» ginal ou la copie? Je ne prononcerai pas ; mais les
» incomparables beautés de celui de Milan autorisent
» à croire qu'il est sorti des propres mains de ce peintre
» si célèbre (1). » Torré, pour faire mieux prévaloir, dans cette rivalité, le tableau milanais sur celui de Paris, laissoit de côté les noms que le cardinal Frédéric Borromée, et les frères Sant-Agostini avaient donnés à la femme plus âgée et à l'enfant, et adoptait les deux dénominations employées par Trichet du Fresne, disant vaguement que le tableau de Milan représentait, ainsi que celui de Paris, « la Vierge avec son fils et Sainte-Anne (2). » Mais il n'a-joutait pas, comme Du Fresne : « La Vierge, assise contre

(1) *È un tesoro (questo quadro). Confessate voi se potete vedere in altri quadri di più apprezabile. Trovassene un altro simile in Parigi, nel palazzo cardinale, come riferisce Raffaele Dufresne, nella Vita ch'egli fece dello stesso Leonardo da Vinci. Qual siane di quali due l'originale o la copia? Non velo saprei accertare. Le Vaghezze di questo (di Milano) fanno credere ch'egli sia uscito dalle proprie stesse mani d'un così celebrato pittore* (pag. 76 de *Ritratto di Milano*, 1674).

(2) *Fu dipinto da Leonardo da Vinci, ed effigiò la Vergine col figlio e Santa Anna* (pag. 78, *ibid*).

» le sein de Sainte-Anne, tient avec ses mains un Christ
» enfant qui joue avec un agneau (1). »

Pourquoi donc le cauteleux chanoine se taisait-il sur l'a-
gneau avec lequel l'enfant Jésus forme un groupe si remarquable? Ne serait-ce point parce que la mention qu'il faisait
ensuite d'un pareil groupe, en décrivant le tableau vérita-
blement de Léonard de Vinci qui était dans la galerie archiépiscopale (2), eût provoqué à des comparaisons qui
n'auraient point été favorables à son système de la préten-
due originalité du tableau de la sacristie de Sainte-Marie.
Celui de l'archevêché, n'ayant point de Sainte-Anne, eut
trop fait sentir qu'elle était dans l'autre, comme dans le
tableau de Paris, une superfétation désavouée par la
composition originale.

En France, où parvint au dix-huitième siècle la nou-
velle opinion milanaise, que ce dernier tableau était de
Salaï, Dezalliers d'Argenville affirmait en 1745, dans
son *Abrégé de la vie de quelques peintres célèbres*, et
conformément au *Catalogo* des frères *Sant-Agostini*,
que la plus âgée des femmes qu'on y voyait, était, non
Sainte-Anne, mais Sainte-Elisabeth ; et l'enfant, non le
fils de Marie, mais un petit Saint-Jean-Baptiste. Mariette,
si fier de sa richesse en estampes, et de qui l'on imprima
fastueusement à Rome, en 1759, l'ambitieuse lettre
de 1530, au comte de Caylus, y avait dit que, dans le
tableau de Milan, l'enfant jouait avec un oiseau; et qu'il

---

(1) *Una madonna, la quale, siede in grembo a S. Anna, e tiene
con le sue mani un Cristo bambino, che scherza con una pecorella*
(Trichet du Fresne, *Vita di Leonardo*).

(2) *Il maraviglioso Leonardo da Vinci fece la Madonna che contempla il figlio Giesù scherzando con un agnello* (pag. 394 du même
Ritratto di Milano). *Voy.* ci devant ma page 5, note 1.

en était de même dans le tableau qui, maintenant au Musée du Louvre, se voyait alors dans le cabinet du roi, où il lui était si facile de s'assurer que l'enfant jouait avec un agneau. Rapportez vous en donc à ces connaisseurs de si haute renommée, qui prononcent magistralement sur des objets qu'ils n'ont pas seulement vus.

Ainsi l'avait fait, en 1695, le père Resta, qui, se prévalant du prestige dont sont accompagnés les jugemens qui partent de Rome, avait affirmé. 1º Que ce fut d'après son croquis (où l'enfant était dans les bras de la Vierge), qu'avait été peint le tableau de Milan (où il était aux pieds de sa mère et jouait avec un agneau); 2º Que ce tableau se conservait, non dans la sacristie de Sainte-Marie, mais dans celle de la vieille église de Saint-Celse (1). Le père Resta n'aurait pas osé dire que cette peinture fut faite d'après le célèbre carton que Léonard de Vinci avait composé à Florence. Cette présomptueuse assertion ne devait être hasardée que par l'ex-jésuite, abbé Lanzi, en 1796, dans la *Storia pittorica dell' Italia,* ajoutant que le tableau se voyait dans la sacristie de Saint-Celse (2), où très-certainement on ne le vit jamais Il lui appliquait obliquement la description que Vasari avait faite de ce

(1) *Da questo studio di Leonardo, ed è il presente, (la mia proprietà) il Salaï ne fece una copia superba in pittura, che si conserva nella seconda sagrestia di S. Celzo in Milano* (pag. 326 du tom. 2 de *Raccolta di lettere sulla pittura,* etc., Roma, 1759).

(2) *Fra le pitture di Salaï sopra tutto è celebre il quadro della sagrestia di S. Celso. Fu tratto dal cartone di Leonardo fatto a Firenze e tanto applaudito... Il Vasari lo chiama il cartone di S. Anna, che insieme con N. Signora vagheggia il divino fanciullo, mentre con lui trastullasi il picciolo precursore* (pag. 199 du tom. 4 de *Storia pittorica dell' Italia,* dernière édition, *Bassano,* 1809.)

carton, dans lequel étaient deux enfans. Les auteurs du *Musée français*, éblouis par la réputation de l'abbé Lanzi, n'ont pas hésité à dire, mal-à-propos, d'après lui, « que le tableau de Milan contenait un enfant de plus que » celui de Paris, et que par là, il se rapprochait davan- » tage du carton de Florence. »

Les vicissitudes de ma longue vie, pleine de traverses, m'ont du moins procuré un avantage que n'a eu aucun des écrivains qui ont parlé de ces divers tableaux, n'en connaissant de fait que l'un ou l'autre. J'ai contemplé souvent celui de la sacristie de Sainte-Marie, pendant les douze années que j'ai passées à Milan, depuis 1802 jusqu'en 1814, y faisant d'assez profondes études et de curieuses découvertes sur Léonard de Vinci. Depuis mon retour à Paris, encore plus qu'avant mes étranges voyages, j'ai soigneusement examiné le tableau du Musée du Louvre. On sait d'ailleurs que je n'ai parlé des trois autres et du croquis du P. Resta qu'avec une parfaite connaissance (1).

J'ai déjà fait observer que, lorsque Lomazzo donna en 1585; la seconde édition de son *Trattato dell'arte della Pittura, etc.*, le sujet du carton montré par Aurèle Luini, ne passait pas à Milan pour avoir été exécuté en peinture, et que Lomazzo n'avait connu aucun tableau analogue. Salaï ne lui avait même pas semblé mériter d'être cité avec éloge. Il ne l'avait nommé qu'une seule fois dans les sept cent pages de son *Trattato* où il avait proposé pour modèles plus de deux cents peintres, et encore ne fut-ce que pour dire que Salaï n'atteignit jamais à la manière de

(1) Le calque que j'en ai donné ci-devant page 28, a été pris sur une estampe qu'en avait faite le graveur Bolognais Rosalpina.

Léonard de Vinci (1). Cinq ans après, en 1590, Lomazzo ne le nomma seulement pas dans son *Idea del tempio della Pittura,* où il célèbrait la gloire de cent quatre-vingt douze artistes, presque tous de son siècle. Les seuls tableaux, que le siècle suivant, Milan crut avoir de Salaï, étaient dans la petite église de Saint-Jérôme, mais ne s'y retrouvaient déjà plus en 1674. Ils représentaient, dit-on, deux actes de la pénitence de ce saint (2) : ce qui ne comportait aucune application du genre noble ou gracieux de l'école de Léonard de Vinci.

Si Salaï fit quelques tableaux dignes de cette école, ce ne put guère être à Milan. Il y avait d'abord été pris fort jeune, pour domestique, par Léonard de Vinci. « C'était, » dit Vasari, un bel adolescent, plein de grâce et de » gentillesse, ayant de beaux cheveux qui se frisaient et » se bouclaient naturellement. L'affection que Léonard lui » portait devint si vive qu'il lui enseigna quelques parties » de l'art de peindre (3). » En avril 1497, il le revêtit à grands frais d'une riche et brillante cappe de drap d'argent, garnie de velours vert et de rubans, afin qu'il figurât en page élégant aux magnifiques obsèques que le

(1) *Alla maniera di Leonardo non sono mai potuto aggiungere Cesare da Sesto, Salaï e il Boltrafio* (pag. 437, l. 6, c. 50 du *Trattato,* édition de 1585).

(2) *Da Andrea Salaïno vencro dipinte due tavole d'altare per le capelle, rappresentando gesti in penitenza di san Girolamo, le quali ora non più si trovano in chiesa* (pag. 176 de *Ritratto di Milano,* 1674).

(3) *Prese in Milano Salaï milanese per suo creato, il quale era vaghissimo di grazia e di bellezza, avendo egli capelli ricci et inanellati, de quali Leonardo si dilettò molto, e a lui insegnò molte cose dell'arte* (pag. 570 du tom. 2, édition de Florence, 1550).

duc Ludovic, dit le *More*, préparait pour sa défunte épouse (1). Ne pouvant se passer du service de Salaï, Léonard l'emmena avec lui à Florence, en novembre de 1499, et ensuite dans ses tournées de 1502 et 1503 en Italie, puis dans son excursion de 1506 en France. L'ayant ramené à Milan en 1507, et ne possédant le 15 octobre que trente écus, il lui en prêta treize pour compléter la dot de sa sœur prête à se marier (2). Il ne sut pas retourner à Florence, vers la fin de 1510, sans avoir à ses côtés son fidèle Salaï. Si, au commencement de 1512, il se priva de sa présence, ce fut seulement pendant quelques jours, et parce qu'il ne connaissait pas de messager plus digne de sa confiance, pour porter à Milan une lettre adressée au président du sénat (3). Salaï rejoignit bientôt Léonard à Florence, et reparût avec lui à Milan au printemps de cette année. On a déjà vu qu'il fut un des cinq élus dont Léonard se fit accompagner dans son voyage à Rome, en septembre de 1513 (4), Salaï ne le quitta plus et le suivit en France, lorsqu'en 1516, François Ier. l'y attira pour l'avoir près de lui. Mais Léonard y amena aussi le plus jeune François Melzi, gentilhomme, qui avait alors ses principales affections, au point que, dans son testament de mort, fait le 23 avril 1518, il le constitua son légataire universel, ne donnant à Salaï que la moitié d'un jardin à Milan, dont il léguait l'autre moitié à Baptiste de Villanis, que même il favorisait beaucoup plus. Chacun de ces deux individus

(1) Amoretti : *Memorie su la vita, etc. di Leonardo da Vinci*, pag. 78.
(2) *Ibid*, pag. 103.
(3) *Ibid*, pag. 109.
(4) *Ibid*, pag. 112.

n'était qualifié par lui que *suo servitore*. La pauvre Ma-
thurine qu'il appelait *sua fantescha*, n'eût, pour tout
legs, que *una vesta di bon pan negro foderata di pelle ;
una socha di panno et doy ducati, per una volta sola-
mente pagati;* mais il donnait beaucoup d'argent aux
églises de la ville d'Amboise, près de laquelle il habitait
dans le château royal de Clot, et surtout aux chanoines de
Saint-Florentin d'Amboise (1). Ceci fait entrevoir le vrai
sens de cette phrase de Vasari : « Léonard croyant sa mort
» prochaine, se fit informer des choses catholiques. » Cependant il ne mourut que le 2 mai 1519 (2).

On peut croire que, pendant les deux années précé-
dentes, Melzi et Salaï avaient fait sous sa direction
quelques tableaux empreints de sa manière, lesquels,
dans la suite, ont été regardés par les possesseurs comme
des œuvres de son pinceau. Mais qui ne sait aujourd'hui
que, Léonard de Vinci, presque toujours malade alors,
n'entreprit aucun tableau; et l'histoire n'a pas dit que,
lorsqu'il était venu en France, en 1516, on y eût apporté
d'autres ouvrages de lui que son carton de Florence et son
portrait de Lise, femme du florentin Jocondo. Salaï,

---

(1) Amoretti : *Memorie, etc.*, pag. 121 et suivantes : où se lit en
entier le testament de Léonard de Vinci.

(2) Vasari a dit que Léonard avait alors soixante-quinze ans, et
qu'il mourut entre les bras de François Ier. Il y a là une erreur et
une fable. Des actes authentiques constatent qu'il était né en 1452 ;
il ne pouvait donc avoir, à sa mort, qu'environ soixante-sept ans.
Le second fait n'est qu'une supposition, imaginée par le peintre
Vasari pour la glorification de l'art. Il est démontré que, lorsque
Léonard mourut au château de Clot ou Clou, François Ier. était en
résidence à Saint-Germain-en-Laye (*Voy.* Amoretti : *Memorie*, aux
pages 14, 127 et 128).

sans doute après les obsèques de son maître, s'achemina vers Milan, pour s'y mettre en possession de la moitié du jardin qu'il lui avait légué, et dans lequel il avait préventivement construit une maison fort commode. Agé de près de cinquante ans, ayant des jouissances qui suffisaient à son bonheur, et peut-être imprégné de l'air qu'il avait respiré parmi les courtisans du chevaleresque François Ier, il ne dut pas être fort disposé à peindre pour les Milanais, surtout à cette époque où Charles-Quint, parvenant à la couronne impériale, présageait de fâcheuses destinées à leur patrie.

Quand, soixante-cinq ans après, en 1584, Lomazzo publia son *Trattato della pittura*, tous les élèves de Léonard de Vinci étaient morts; et Lomazzo, lui-même né en 1538, ne prolongea guères sa vie au-delà de 1591. Aveugle depuis 1571, il ne pouvait savoir par lui-même ce que peignait ou projettait Aurèle Luini qui lui survécut. Cependant, d'après les éloges qu'on avait prodigués aux ouvrages d'Aurèle, Lomazzo se croyait autorisé à publier « qu'Aurèle était, en fait de talent, le digne fils de Bernardin Luini, et qu'on pouvait s'en convaincre par les » peintures qu'il avait déjà faites à Milan et au dehors (1). » Il le vantait « comme très-habile à rendre exactement les » formes du corps humain, suivant que l'exigeait la » science anatomique (2), et à faire les *raccourcis* avec

(1) *Aurelio Lovino il quale non mostra punto d'essere bastardo figliuolo di Bernardino Lovino, pittore eccellentissimo, come si può vedere per le diverse capelle et opere ch'e gli ha fatto in Milano et fuori, et massimente in Lugano* (Pag. 223, l. 4, cap. 14 du *Trattato dall'arte della pittura*, 1585).

(2) *De i pittori sono stati eccellenti (nell' anatomia) Leonardo da Vinci, Raffaele d'Urbino...., Aurelio Lovino* (pag. 615, l. 7, cap. 23).

» une telle illusion , que l'œil croyait voir dans tout leur
» développement les parties qui les subissaient (1); comme
» supérieur enfin, dans l'art de parer les paysages d'une
» belle végétation, non-seulement en fait d'arbres avec
» leurs branches et feuillages, mais encore d'arbustes, de
» simples plantes avec leurs fleurs et même leurs fruits
» (2) ». Six ans après (en 1590), Lomazzo revint dans
son *Tempio della pittura*, préconiser Aurèle Luini, jusqu'à prétendre qu'en « quelques parties de l'art, il n'était
» point inférieur à son père, et que, de jour en jour, il
» acquérait plus de gloire par les tableaux qu'il continuait
» à produire (3) »

Aurèle, ayant plus d'intérêt qu'aucun autre à procurer
l'illustration d'une belle peinture au carton qu'il réussis-
sait à faire croire celui-là même que Léonard de Vinci
avait composé à Florence, dût naturellement se mettre à
l'exécuter en peinture, pour l'édification des Milanais.
Mais il mourut en 1593; et le tableau n'étant vraisemblablement pas encore achevé, ne pût l'être que par
son meilleur élève, Pierre Gnocco ou Gnocchi, parvenu
« sous sa direction à être un excellent peintre, » dit Lomazzo (4). Il est impossible d'expliquer autrement l'entre-

(1) *Le gambe in scorto fatte con tal arte che da qualunque parte si
mirano, pare che si volgano giustamente agli occhi di chi si guarda*
(pag. 485, l. 6, cap. 65).

(2) *Voy.* dans le même Traité, pag. 474 et 475 , l. 6, cap. 62,
la longue conversation d'Aurèle Luini avec le Titien sur l'art des
paysages, *onde abbagliar le frondi col campo.*

(3) *A Milano, v'è Aurelio Lovini, non inferiore del padre in al-
cune parti sicome l'ha dimostrato in molte sue opere... Egli si è sem-
pre ito acquistando maggiore honore di tempo in tempo* (pag. 163,
cap. 58 de *Idea del tempio della pittura. Milano*, 1590.).

(4) *Sotto la cui disciplina (di Aurelio Lovini) è fatto eccellente*

prise et l'exécution du tableau de la Sacristie de Sainte-Marie, près Saint-Celse, dans lequel on retrouve le faire d'Aurèle Luini et le goût de Pierre Gnocco.

Les couleurs y ont de la pureté et de l'éclat; la lumière y est distribuée avec justesse : deux choses par lesquelles Lomazzo dit qu'Aurèle Luini s'était distingué dans une fresque. Le dessin du tableau est, en général, exact et correct; mais le style de peinture y diffère notablement de celui de Bernardin Luini; les objets et surtout les figures y ont un relief imité de la manière de Polydore Caravaggio, de qui Lanzi juge, d'après d'autres tableaux d'Aurèle Luini, qu'il avait adopté ce genre de peindre, et qu'en outre, il était fort maniéré (1). De là viennent sans doute les exorbitantes parures de la Vierge de ce tableau, lesquelles, étant aussi dans le goût de Pierre Gnocco, ont pu être poussées par lui à l'état de somptuosité où on les voit. Lanzi prétend que Gnocco, qui travaillait encore à Milan, en 1608, était « hasardeux en ce » genre, mais avec plus de goût et d'habileté qu'Aurèle » Luini (2). » Pellegrin Orlandi, dans son *Abecedario pittorico*, dit que Gnocco avait adopté le genre de Frédéric Zuccharo ou Zuccheri (3), que Lanzi à trouvé pa-

pittora Gnocco , come le cose rare che si vedono nelle opere suc ne rendono chiarissimo testimonio (pag. 105, cap. 38 de *Idea del tempio della pittura*).

(1) *Voy.* La zi, *Storia pittorica dell' Italia,* au tom. IV, pag. 207, édit. de Bassano, 1809.

(2) *Nella sceltezza e nel buon gusto* (*Ibid.*, *ibid.*, pag. 208).

(3) Voy. *Abecedario pittorico,* pag. 424 et 425 de l'édition de Venise, 1753.

reillement « maniéré, et capricieux dans ses ornemens, » néanmoins gracieux (1). »

La prétention de faire un chef-d'œuvre sous ces divers aspects atteignit son but dans ce tableau ; mais y retrouve-t-on le sentiment délicat des convenances et la céleste inspiration de Léonard de Vinci dans ses peintures religieuses, sa noble et sublime simplicité accommodée aux divers sujets de cette nature, et son esquisse justesse dans les expressions et les mouvemens des figures? Le peintre ou les peintres du tableau de Milan crurent faire merveille en prodiguant la magnificence dans un sujet où elle ne pouvait qu'être un contre sens. La Sainte-Vierge y est parée avec un luxe que désavouaient sa condition et son humilité. Quelle recherche de parure dans ce voile transparent qui, jeté sur son front, vient flotter élégamment sur ses bras, et y figurer comme de secondes manches pour charmer l'éclat de sa tunique d'écarlate ! Ses pieds qui, dans les quatre autres tableaux analogues dont j'ai parlé, étaient nuds, sont ici parés de belles sandales qui présentent à la naissance de l'orteil de magnifiques agraffes, et à chaque croisement des galons qui les attachent tant sur le pied qu'autour du bas de la jambe, des chatons de pierres précieuses, richement enchassées. La Sainte-Anne, dont aussi les pieds sont nuds ailleurs, a elle-même ici de jolies sandales, quoique plus modestes que celles de sa fille. Elle paraît moins sa mère que sa sœur ainée, parce que le peintre ou les peintres voulurent en faire une femme presque également agréable à voir ; et de là provint l'erreur qui l'a fait prendre si long-temps pour la cousine de Marie.

(3) *Frederico Zuccaro, manierato, capricioso nell' ornare, nondimeno grazioso* (pag. **110** du tom. II de *Storia pittorica dell' Italia.*)

La physionomie de l'enfant a plus de ressemblance avec celle de la femme la moins jeune qu'avec celle de la Sainte-Vierge ; ce qui le faisait regarder comme le fils de Sainte-Élisabeth, comme un Saint Jean-Baptiste. Le peintre ou les peintres ne se montrèrent pas moins capricieux en somptuosités dans le paysage que dans le costume des figures. Les arbres y ont une magnificence recherchée ; leurs riches feuillages sont travaillés avec un soin ambitieux. Les basses plantes, éparses sur le terrain, sont découpées avec prétention. Il est parsemé de fleurs champêtres, et l'on y voit même des fraisiers parés de leurs fruits : toutes ces recherches eussent semblé frivoles et puériles au sublime génie de Léonard de Vinci.

Dans la seconde moitié du dernier siècle, ce tableau subit deux épreuves, dont il ne sortit pas comme l'œuvre d'un grand-maître. Jusqu'à la première épreuve, étant en regard d'un tableau de Raphaël représentant la fuite de la Sainte-Vierge en Égypte avec son enfant et Saint-Joseph, il lui avait, en quelque sorte, disputé la préséance. Le chanoine Torré, contemplant à-la-fois ces deux tableaux en 1674, s'était écrié : « Croyez-moi, ce sont deux » trésors pittoresques (1). » Quand, vers 1769, l'empereur Joseph II, parcourant ses états, s'arrêta à Milan où il allégea de deux cent mille florins les impôts annuels du pays, visita, avec une humanité philosophique, les couvens de femmes et, en amateur des beaux-arts, la riche Sacristie de Sainte-Marie, près Saint-Celse, se trouvant entre les deux tableaux, il n'ambitionna la possession que de celui de Raphaël. On peut juger du prix qu'il y attachait par les munificences qui le lui firent obtenir. Il

____

(1) *Credetemi, che questi due quadri sono due tesori pittoreschi* (pag. 78 du *Ritratto di Milano*).

donna en échange à cette église six grands chandeliers d'argent avec la croix du même métal, et fit les fonds à perpétuité de dots annuelles en faveur des deux plus vertueuses pauvres filles du quartier.

L'autre tableau n'avait donc plus de rival en face qui pût lui être préféré, lorsqu'il fut soumis à la seconde épreuve, lors de l'entrée des armées françaises à Milan, en 1796. Les commissaires, chargés d'enlever, pour prix de la conquête, les plus belles peintures mobiles de cette ville, n'ignoraient pas tout ce qu'on avait écrit de merveilleux sur celle que possédait encore la Sacristie de Sainte-Marie, près Saint-Celse. Ils l'examinèrent et ne la jugèrent pas digne du Musée du Louvre, estimant beaucoup plus le tableau qu'on y possédait, et dont celui-là ne leur semblait qu'une copie à fanfreluches. Les Milanais ne l'ont pas moins perdu quinze ans plus tard. Je ne répéterai pas que le vice-roi de Bonaparte, dont il était devenu la propriété, l'a fait transporter en Bavière.

En achevant ma dissertation sur les quatre tableaux, où l'on voit la Sainte-Vierge assise et penchée vers son enfant qui joue avec un agneau ; mais, en deux desquels, elle est décemment et simplement assise sur un tertre champêtre ; tandis que, dans les deux autres, elle l'est sur les *coscie* d'une femme moins jeune, prononcerai-je une conclusion qui tranche la question sur ceux qui sont de Léonard de Vinci et ceux qui ne sont pas de lui? Non, certes, je croirais faire injure à la sagacité de mes lecteurs, si, après les données que je leur ai fournies, j'avais l'air de penser qu'ils ont besoin de moi pour résoudre cette espèce de problème

FIN.